Johannes Müller

Die Entwicklung der Nautik

Johannes Müller

Die Entwicklung der Nautik

ISBN/EAN: 9783954271184
Erscheinungsjahr: 2012
Erscheinungsort: Bremen, Deutschland

© maritimepress in Europäischer Hochschulverlag GmbH & Co. KG, Fahrenheitstr. 1, 28359 Bremen. Alle Rechte beim Verlag und bei den jeweiligen Lizenzgebern.
www.maritimepress.de | office@maritimepress.de

Bei diesem Titel handelt es sich um den Nachdruck eines historischen, lange vergriffenen Buches. Da elektronische Druckvorlagen für diese Titel nicht existieren, musste auf alte Vorlagen zurückgegriffen werden. Hieraus zwangsläufig resultierende Qualitätsverluste bitten wir zu entschuldigen.

Die Entwicklung der Nautik und ihrer Hilfsmittel vom Altertum bis zur Neuzeit

von

Kapt. Johs. Müller, Bremerhaven

Zweite, erweiterte und verbesserte Auflage

1928

Druck und Verlag
der Schiffahrts-Druckerei Schroedter & Hauer,
Hamburg 11, Steinhöft 3.

In den folgenden Zeilen soll versucht werden, den Schiffahrtskreisen einen kurzen Überblick über die Geschichte der Nautik zu geben, ohne dabei auf eine nähere Beschreibung der nautischen Instrumente, mit Ausnahme einiger, einzugehen. Ferner soll der Aufsatz die interessierten Kreise veranlassen, zum Nutzen unserer Schiffahrt an der Entwicklung der Nautik mitzuarbeiten.

Bevor mit dem eigentlichen Thema begonnen wird, erscheint es notwendig, festzustellen, seit wann denn die Seeschiffahrt eigentlich betrieben wird. Dem unermüdlichen Fleiß der Wissenschaftler ist es gelungen, wenigstens etwas über die Urzeiten der Schiffahrt zu erforschen, und es ist zu hoffen, daß es möglich sein wird, noch mehr Licht in das Dunkel der vergangenen Jahrtausende zu bringen.

Seit der Zeit, zu welcher Menschen an Meeren gelebt haben, seit jener Zeit scheint auch die Schiffahrt bereits aufgenommen zu sein. Meeresgebiete, wie die Ostsee, Nordsee, das Mittelmeer, die Gewässer der Südsee, werden durch die Nähe gegenüber liegender Küsten und Inseln die Küstenbewohner besonders angeregt haben, sich dem Meere anzuvertrauen. So wissen wir z. B., daß schon zur Steinzeit Bewohner der Ostseeküsten sich auf das Meer gewagt haben und eifrige Fischer gewesen sein müssen, die Dorsche und Heringe fingen, wie große aufgefundene Abfallhaufen aus jener Zeit von Gräten dieser

---

Bemerkung. Wie rege heute das Interesse für die Seeschiffahrt ist, zeigt die Notwendigkeit, den im Jahre 1921 in der „Hansa" veröffentlichten Aufsatz als Heftchen herauszugeben und jetzt bereits die II. Auflage erscheinen zu lassen.

Fische beweisen. Im 3. und 2. Jahrtausend v. Chr. scheinen Reisen von den Bewohnern der Nord- und Ostseeküsten auf dem Seewege vorgenommen zu sein; Schweden, Helgoland und England müssen, nach gemachten Funden zu schließen, schon damals durch Schiffahrt in Verbindung gestanden haben. Zur Bronzezeit müssen die Nordvölker bereits einen ziemlich gut entwickelten Schiffbau betrieben haben, da ihre Boote nach alten Aufzeichnungen beträchtliche Größen aufwiesen, Bäume, Rinde, Felle und Sehnen dürften ohne Zweifel das Baumaterial gewesen sein. Seefahrten müssen zur Bronzezeit zum Fischfang, Handelstreiben und zu Kriegsfahrten unternommen und auf weiten Strecken durchgeführt sein. Von den Nordvölkern scheinen besonders die Normannen tüchtige und wagemutige Seefahrer gewesen zu sein, die im Anfang unserer Zeitrechnung nach Island und Grönland, wenn nicht gar nach Nordamerika gelangten.

Von den Küstenbewohnern des Mittelmeeres und des Roten Meeres wissen wir durch ältere Forschungen, daß schon seit Jahrtausenden die Seefahrt und eine z. T. sehr bedeutende Handelsschiffahrt betrieben wurden. Alte Funde, bildliche Darstellungen an Tempeln, Bauten, und schließlich Aufzeichnungen lassen uns erkennen, wie hoch die Schiffahrt im Altertum entwickelt war; an den Küsten des Mittelmeeres und des Roten Meeres bestand schon mindestens im 3. Jahrtausend v. Chr. Seehandel. Im 2. Jahrtausend v. Chr. haben ägyptische, getakelte Schiffe das Rote Meer und Gebiete des Indischen Ozeans befahren, wie uns erhaltene bildliche Darstellungen am Tempel zu Dayr el Bahri schildern. Wie groß das Interesse an schiffbaren Handelswegen schon vor Jahrtausenden war, beweist die Schaffung eines Kanals zwischen dem Nil und Suez unter Ramses dem Großen etwa 1400 v. Chr.

Phönizier und Sabäer sind in den Gegenden des Mittelmeeres und des Roten Meeres zu jener Zeit wohl die erfolgreichsten Seefahrer gewesen, aber auch die Küstenbewohner Indiens und Chinas scheinen schon vor Jahrtausenden weite Seereisen unternommen zu haben.

Um 600 v. Chr. umschifften Phönizier im Auftrage Nechos von Ägypten Afrika von Ost über Süd nach Westen. Um 334 v. Chr. wurde England bereits von Pytheas aus Marseille aufgesucht. Die Ptolemäer unternahmen gegen 200 v. Chr. bereits größere Kriegsfahrten zur See von Ägypten um Arabien nach Persien. Die Sabäer sind zu jenen Zeiten wohl schon bis nach Siam vorgedrungen; die Inder hatten, bevor die Sabäer nach der Insel Sokotra kamen, dort schon eine Ansiedlung. Nearchus, ein Feldherr Alexander d. Gr., führte dessen Flotte um 325 v. Chr. vom Indus nach dem Golf von Persien. Die Küstenbewohner Chinas traten nach aufgefundenen Berichten der Han-Dynastie etwa 200 v. Chr. mit dem Westen in Verbindung und sind nach Abessinien und wohl auch nach Arabien gekommen. Aus einem Bericht erfahren wir — dies sei als Kuriosum angeführt — daß im Jahre 2 n. Chr. ein lebendes Rhinozeros von Abessinien nach China auf dem Seewege gebracht wurde. Diese kurzen Angaben mögen genügen, um zu zeigen, wie lange die Seefahrt schon betrieben wird.

Wie hat sich nun die Nautik entwickelt?

Der Küstenbewohner der Urzeit wagte sich wohl zunächst nur ängstlich, in der Nähe seiner Feuerstelle oder Wohnstätte bleibend, mit einem Floß oder Einbaum auf das Wasser, um Fische zu fangen und lernte allmählich das nasse Element kennen. Gegenüber liegende Küsten oder Inseln werden ihm Anregung gewesen sein, diese nach Nahrungsmitteln zu erforschen. Langsam wagte er sich weiter vor. Die Vorteile der Wasserfahrten, die es ihm ermöglichten, Fischfang zu betreiben, auf kürzeren Wegen neue Nahrungs-Gebiete aufzusuchen, die Möglichkeit, Feinden oder wilden Tieren schnell zu entfliehen, und schließlich — bei etwas höherer Kultur-Entwicklung — der Handelsbetrieb, werden die Küstenbewohner veranlaßt haben, die Küste in der Nähe zu erforschen.

Zunächst wird sich so ein „Seefahrer" dicht unter Land gehalten haben, vorsichtig von Landzunge zu Landzunge rudernd, bei Einbruch der Dunkelheit seine Heimstätte wieder aufsuchend. Mit der Zeit wird er die

Küste kennen gelernt und sich Richtmarken, wie einen Berg oder einen auffallenden Baum, gemerkt und danach Kurs gefahren haben, er wird dann weiter Wind, Wetter, Strömungen und an den Küsten mit Ebbe und Flut auch die Gezeiten beobachtet haben. Die Kenntnis des Laufs und Standes von Mond und Sterne werden den Nautiker des Altertums dann veranlaßt haben, auch des Nachts Fahrten zu unternehmen. Die Feststellung der Wassertiefen, zunächst mittels roher Holzstäbe und später, um auch größere Tiefen feststellen zu können, mit Hilfe aus Fasern geflochtener Stricke oder Lederriemen, an welche ein Stein befestigt wurde, wird mit der Ausdehnung der Schiffahrt und der Vergrößerung der Fahrzeuge zur Vermeidung von Untiefen und namentlich bei der Ansteuerung fremder Küsten sehr bald vorgenommen sein. In Meeresteilen, die nicht zu große Tiefen in der Nähe der Küsten aufwiesen, wie z. B.: Ostsee, Nordsee und Kanal, haben die Seefahrer frühzeitig die wertvollen Angaben des Lotes erkannt und bei einiger Entwicklung zur Ortsbestimmung verwendet. In größeren Wassertiefen versagten die Lotvorrichtungen des Altertums.

Durch die dauernde Beschäftigung mit Wind und Wetter, Strömungen, Tiefenverhältnissen an den Küsten, dem Lauf der Gestirne, durch das Beobachten von Gezeiten, Monsunen, Land- und See-Brisen, der vorherrschenden Wellenrichtung und der Zugrichtung der Vögel werden die alten Nautiker große Erfahrungen erworben und darauf gestützt, für die damalige Zeit bedeutende Seefahrten unternommen haben. Diese Seereisen werden zwar zunächst nur Küstenfahrten gewesen sein, denn auf das hohe Meer werden die Alten sich kaum freiwillig gewagt haben. Unfreiwillige Reisen werden ohne Zweifel vorgekommen sein; Strömungen, konstante Winde, wie z. B. die Monsune, werden manches Fahrzeug in das Meer hinaus und unter Umständen an fremde Gestade geführt haben und dadurch zu Entdeckungen Veranlassung gegeben haben.

Von den Gestirnen wurden die Sterne um den Nordpol, und zwar die Sterne des Großen und Kleinen Bären bevorzugt, da sich mit deren Hilfe der Kurs am leichtesten bestimmen ließ. Nicht zu vergessen ist, daß die

Stellung der Sterne zum Nordpol vor Jahrtausenden eine andere als heute war; damals stand der Stern β des Kleinen Bären dem Pol am nächsten. Außer zur Kursbestimmung lernte man die Gestirne auch zu einer ungefähren Zeitbestimmung benutzen, da man mit der Zeit die Stellung beim Auf- und Untergang, sowie den höchsten Stand beobachten lernte.

Entfernungsangaben nach Wegmaßen waren unbekannt, man gab die Strecken nach Tag- und Nachtfahrten an; ein Ort lag von einem andern so und soviele Tag- und Nachtfahrten entfernt. Es war ein wesentlicher Fortschritt, als man die durchfahrene Distanz mit einer bekannten Wegstrecke verglich.

Mit der Einführung von Sand und Wasseruhren zur Zeitbestimmung um 600 v. Chr. werden Bestimmungen der Fahrt, die das Schiff zum Durchlaufen von bekannten Küstenstrecken brauchte, gemacht worden sein, und die alten Seefahrer werden nunmehr einen klareren Begriff von den zurückgelegten Seewegen erhalten haben. Bis etwa zur Hälfte des 1. Jahrtausends v. Chr. dürften sich die Nautiker mit dieser Erfahrungs- und Beobachtungs-Navigation beholfen haben. Zu den Seefahrten im Altertum ließ man sich viel Zeit, bei schlechtem Wetter werden die Seefahrer nicht gefahren sein; in den nördlichen Gegenden, die unter Winterstürmen und Eis litten, ruhte die Schiffahrt im Winter vollständig.

Mit der Zeit erhielten die Nautiker durch die Schaffung von Seezeichen ein Hilfsmittel; besonders wichtige Ansteuerungspunkte für die Schiffahrt wurden durch Tempelbauten oder sonstwie bezeichnet, vielfach wurden auch Feuersäulen errichtet. So wissen wir, daß bereits etwa 400 v. Chr. an der Einfahrt zum Piräus solche Feuersäulen gestanden haben. Einer der berühmtesten Leuchttürme des Altertums war der in den Jahren 299/280 v. Chr. erbaute Pharos von Alexandrien, der eine Feuerhöhe von etwa 110 Meter hatte und ein prächtiges Bauwerk war, das bis 1300 n. Chr. etwa der Schiffahrt gedient hat. Einer der ältesten, noch heute erhaltenen, wenn auch stark renovierten Feuertürme des Altertums ist der um 100 n. Chr. vom Kaiser Trojan erbaute Leuchtturm von La Coruña. Bei dem Bau von Gebäuden,

Türmen usw. an den Küsten wurde im Altertum Wert darauf gelegt, daß diese auch als Landmarken von See aus zu benutzen waren. Aus dem gleichen Grunde finden wir die alten hohen Kirchtürme an unseren Küsten.

Nach Einführung von Streckenmaßen und genaueren Zeitmaßen und auf Grund der Berichte der erfahrenen alten Seefahrer und Reisenden gingen Gelehrte an das Werk, Karten von der Gestalt der Erde zu entwerfen. Zu den Zeiten des Herodot (484/425 v. Chr.) wurden schon vielfach Karten, bezw. Tafeln der Erdumrisse angefertigt, eine leidlich brauchbare Karte wurde aber erst von Eratosthenes (275—195 v. Chr.) geschaffen, der seinen Entwurf methodisch auf ein Gradnetz aufbaute. Diese Karte umfaßte bereits England, Spanien, Nordafrika, Indien und Ceylon. Hipparch (160-125 v. Chr), Marinus von Tyrus (um 100 n. Chr.) und Ptolemäus von Alexandrien (um 200 n. Chr.) bauten das Kartenwerk erheblich aus, führten Meridiane und Breitenparallele ein und stellten die Forderung auf, die Lage der Orte nach astronomischen Beobachtungen zu bestimmen. Namentlich der Kartenentwurf Marinus von Tyrus, der eine Plattkarte mit einer Mittelbreite von etwa 36° entwarf, und gewissermaßen als der Vorläufer Merkators bezeichnet werden kann, war recht leidlich, sodaß diese Kartenart noch um 1500 von den Portugiesen angewendet wurde. Alle diese Karten waren aber ohne Skalen, sie gaben also dem Nautiker nur ein Bild. Erwähnt sei an dieser Stelle gleich, daß in dem Nordseegebiet Seekarten noch im 16. Jahrhundert fast unbekannt waren.

Alle die zahlreichen Erfahrungen und Beobachtungen der Nautiker wurden zunächst durch mündliche Erzählungen und vor allen Dingen durch die Praxis von Geschlecht zu Geschlecht erhalten, später wurden „Segelanweisungen" aufgeschrieben. Diese enthielten Angaben über die Küstenbeschaffenheit, Landmarken, Untiefen, Berggipfel, Vorgebirge, Ansiedlungen, Behandlung in fremden Häfen, Trinkwasser, Gezeiten (die Hafenzeit von Cadix wurde z. B. von den Phöniziern schon etwa

100 v. Chr. richtig bestimmt) Lotsenwesen und vielfach etwas über Entfernung und Reisedauer.

Einige solcher alten Segelanweisungen, die im Mittelmeergebiet mit „Periplus" (Rundfahrt) oder „Stadienzeiger" bezeichnet wurden, sind uns erhalten, desgleichen einige „Seebücher", wie sie im 14. Jahrhundert in den nordischen Gewässern benutzt wurden.

Die Stadienzeiger hatten ihren Namen daher, weil in ihnen die Entfernungen in Stadien angegeben wurden; das Stadium war ein Längenmaß von 600 griech. Fuß = 185 m, also eine Kabellänge etwa. Eine der berühmtesten alten Segelanweisungen ist ein Periplus, der eine Reise um das Jahr 60 n. Chr. nach den östlichen Teilen des Indischen Ozeans bis zu den Randmeeren des Stillen Ozeans schildert; ohne diese Segelanweisung wäre Ptolemäus von Alexandrien wohl nicht in der Lage gewesen, eine so genaue Karte, wie er sie entworfen hat, zu zeichnen.

Ferner kam die Entwicklung der Mathematik und Astronomie den Nautikern zugute. Leider wissen wir noch nicht, wie weit die Alten es in der Ausnutzung der Astronomie für die Schiffahrt gebracht haben; daß sie die Gestirne aber nicht allein zur Bestimmung des Kurses, sondern wohl auch zur ungefähren Zeit- und Breitenschätzung angewendet haben, dürfen wir daraus schließen, daß Thales von Milet 600 v. Chr. ein astronomisches Lehrbuch der Nautik verfaßt hat; sind einmal astronomische Ortsbeobachtungen in den Berichten der Seefahrer aus jenen Zeiten erwähnt, so werden wir es wahrscheinlich mit Beobachtungen zu tun haben, die an Land von Astronomen angestellt wurden, die an den Seereisen teilnahmen und versuchten, die Lage der angelaufenen Hafenplätze zu bestimmen.

Durch die Arbeiten des bereits früher als Verfertiger einer Erdkarte erwähnten Eratosthenes, der um 200 v. Chr. die erste mathematische Gradmessung zwischen Alexandrien und Syne ausführte, wurde die Ortsbestimmung durch astronomische Beobachtungen gefördert. Die Breitenbestimmung, die nur an Land gemacht wurde, ergab aber nur ungefähre Werte, da man den Mittagsschatten eines senkrechten Stabes maß und aus dem Verhältnis der Stabhöhe und Schattenlänge die Sonnenhöhe berechnete. Erst durch die Konstruktion des Astrolabiums durch Hipparch (um 150 v. Chr.), eines Instrumentes zur Winkelmessung, bestehend aus zwei konzentrischen, gegeneinander verdrehbaren und mit Dioptern versehenen Kreisen, wurde auch den Nautikern ein Winkelinstrument gegeben, mit dem sie Gestirnshöhen (Sonnenhöhen) auf See messen konnten. Das Astrolabium ist also das älteste astronomische Beobachtungsinstrument der Nautiker. Das an Bord verwendete Astrolabium bestand meist aus einfachem Holzring von etwa 40—70 cm Durchmesser mit Querspeichen. In dem Mittelpunkt des Ringes drehte sich die Alhidale, die auf ihren beiden Enden je ein Visierblatt trug, die Visierlinie fiel mit der Mittellinie des Ringes zusammen. Gewöhnlich war nur der eine Quadrant des Instrumentes von $0°$ bis $90°$ geteilt und zwar so, daß bei aufrechter Haltung des Instrumentes $90°$ oben und $0°$ unten in den Horizontalen lag. Oberhalb des Ringes über $90°$ befand sich ein Ring zum Halten des Instruments beim Beobachten. Zur Beobachtung hielt man das Instrument so, daß die Sonnenstrahlen durch die Visierblättchen fielen, und man konnte nun, wenn das Instrument gerade hing, gleich die Sonnenhöhe ablesen.

An dem Astrolabium wurden mit der Zeit manche Verbesserungen angebracht, um feinere Messungen anzustellen. Für den Seegebrauch wurde später noch der Quadrant geschaffen, ein rechtwinkliger Kreisausschnitt, auf dessen einem Schenkel sich zwei Diopter befanden, das Bogenstück war in Grade von $0°$ bis $90°$ geteilt. Die Alhidade ersetzte ein im Mittelpunkt des rechten Winkels des Kreisauschnitts befestigter und beschwerter Faden, der über den Limbus glitt. Die Beobachtung erfolgte wohl in der Art, daß ein Beobachter das Gestirn avisierte und ein zweiter die Einstellung des Pendels, wenn das Instrument richtig gehalten wurde, auf dem Gradbogen ablas.

Es sei hier gleich bemerkt, daß die astronomischen Beobachtungen von den Nautikern selbst kaum bis zum

15. Jahrhundert ausgeführt wurden. Wenn einmal Beobachtungen gemacht wurden, so geschah dies, wie bereits erwähnt, von Astronomen, die an Bord waren. Astrolabium und Quadrant haben lange das Feld als Beobachtungsinstrumente auf See behauptet, dem Quadranten hat man aber später den Vorzug gegeben. Um astronomische Beobachtungen zu erleichtern, wurden von Hipparch bereits ein Fixstern-Verzeichnis sowie Sonnen- und Mondtafeln herausgegeben. Durch die Einführung von Zeit- und Streckenmaßen, durch die Schaffung von Seezeichen, Erdkarten und Segelanweisungen und die Fortschritte der Astronomie waren den Seefahrern also in der Zeit von 600 v. Chr. bis 1000 n. Chr. wichtige Hilfsmittel zur Unterstützung gegeben worden. Der Schiffahrt fehlte aber immer noch ein Kurszeiger — der Kompaß war unbekannt. Außer Sicht von Land oder des Nachts bei bewölktem Himmel fehlte den Nautikern der Wegweiser, sie waren allein auf ihre Erfahrungen und Beobachtungen angewiesen, nach denen sie aus der Richtung des Seegangs, und unter Umständen Angaben des Lots, ihren Kurs bestimmten. Im 11. Jahrhundert n. Chr. scheint der Kompaß zuerst im Abendlande benutzt worden zu sein. Die Bewohner Chinas haben den Kompaß ja schon vor der christlichen Zeitrechnung gehabt, doch wahrscheinlich nur auf dem Lande angewendet. Ob die Kunde von dem Kompaß von China über Indien und Arabien nach dem Mittelmeer vorgedrungen ist, oder ob es sich um eine unabhängige Entdeckung der Verwendung der Magnetnadel als „Nordweiser" handelt, hat bisher noch nicht festgestellt werden können. Die Italiener haben sich um die Verbesserung des Kompasses sehr verdient gemacht. Anfangs ließ man die Magnetnadel nicht auf einer Spitze ruhen, sondern legte sie auf ein Stückchen Holz oder Rohr, das auf Wasser in einem kleinen Behälter schwamm. Die Unterstützung der Nadel durch die Pinne, die Bezeichnung der Kompaßstriche, die Verbindung der Magnetnadel mit der Rosenkarte, diese bedeutende Erfindung, die erst den Kompaß für Schiffszwecke brauchbar machte, wurde wahrscheinlich um 1300 in Amalfi gemacht, und die Einführung der kardanischen

Aufhängung des Kompaßkessels durch Geronimo Cardano aus Pavia um 1550 machten den Kompaß zu dem für die Nautiker wertvollen Instrument. Der Kompaß mußte in alten Zeiten aber nicht allein zur Bestimmung des Kurses dienen, sondern wurde auch als Uhr angewendet, indem man die verschiedene Stellung der Sonne bezw. der Sterne zu den Kompaßstrichen beobachtete. Ferner stellte man mit seiner Hilfe den Eintritt von Hoch- und Niedrigwasser fest, da man zu beobachten gelernt hatte, daß diese stets dann eintraten, wenn der Mond in einer bestimmten Richtung zur Kompaßrose stand. Die alten Nautiker waren dadurch in der Lage, wenn der Mond zu sehen war, für die Orte, für welche die Hafenzeit durch Kompaßstriche ausgedrückt bekannt war, die Gezeiten vorher zu bestimmen. Namentlich die Nordvölker wendeten besonders gebaute Kompasse zur Gezeitenbestimmung an; zur Kursbestimmung scheint der Kompaß in der Schiffahrt der Nord- und Ostsee erst im 15. Jahrhundert sich eingebürgert zu haben. Eine große Erleichterung brachte die Einführung des Kompasses den Nautikern, konnten sie doch nun auch bei unsichtigem Wetter auf dem Meere fahren. Die örtliche Mißweisung war ihnen zunächst zwar fremd, doch erkannten und beobachteten sie diese später.

Die Astronomie, die Mathematik und Geographie hatten um das 10. Jahrhundert weitere Fortschritte gemacht. Tafelwerke aller Art wurden zur Erleichterung von astronomischen Ortsbestimmungen von Wissenschaftlern berechnet, und viele Werke über Astronomie veröffentlicht. So finden wir in einem Werke von John Holywood, das etwa um 1200 in Paris erschienen ist, Kapitel über Eigenschaften der Himmelskugel, Beschreibung des Tierkreises, der Ekliptik, Angaben über Auf- und Untergang der Sonne und Sterne, Angaben über die Planeten und Ursache der Sonnen- und Mondfinsternisse. Im 15. Jahrhundert sind von dem Deutschen Regiomontanus (1436—1476) und anderen Gelehrten ebenfalls Tafeln zur Erleichterung der astronomischen Ortsbestimmung, wie Angaben über die Deklination der Sonne und der Sterne usw. geschaffen worden. Nach Entdeckung des Fernrohres 1610 durch Galilei wurden die Trabanten des Jupiter in gleicher Weise wie Sonnen- und Mondfinsternisse zur Ortsbestimmung benutzt. Aber trotz aller Tafelwerke bürgerte sich die astronomische Ortsbestimmung auf See nicht ein, und selbst solche Versuche, wie sie 1416 Prinz Heinrich der Seefahrer machte, der nahe seinem Sommersitze an der Südwestspitze Portugals zu Sagres eine Art Seefahrtschule abhalten ließ, scheinen nur geringe Erfolge gezeitigt zu haben. Wie ablehnend die astronomische Ortsbestimmung auf See noch 1500 beurteilt wird, zeigt uns ein Bericht eines Schiffsarztes und Lotsen von der Expedition Cabrals nach Brasilien, den dieser Mestre Joao an den König Manuel schreibt; daß es ihm unmöglich erscheine, auf dem Meere die Höhe irgend eines Sternes zu bestimmen, trotzdem er sich viel mit dieser Sache beschäftigt hätte. Wenn ein Schiff nur etwas schwanke, entständen Fehler von 4—5 Grad! Es wäre besser die Sonne zu beobachten als einen Stern. Gleichzeitig berichtet er, daß er besser mit dem Astrolabium als mit dem Quadranten beobachtet habe. Von Columbus liegen auch keine Ergebnisse von astronomischen Beobachtungen auf See vor, es ist ihm nur gelungen, zwei ungefähre Längenbestimmungen in den Jahren 1494 und 1504 nach Mondfinsternissen mit sehr fehlerhaften Ergebnissen zu machen. Bei den späteren Versuchen der astronomischen Breitenbestimmung zog man Sternbeobachtungen denen der Sonne vor, da erstere einfacher zu berechnen waren.

Die Schaffung eines brauchbaren Schiffskompasses, die Möglichkeit der besseren Zeitbestimmung auf Grund der genaueren Kenntnis der Astronomie gestatteten es, die durchsegelten Distanzen des Schiffes genauer zu schätzen. Zur Erleichterung der Koppelung von verschiedenen Kursen und Distanzen gab es bereits um 1430 zwei Tafeln in der Art unserer Strichtafeln etwa, aber man legte nicht die Nord-Südlinie bei der Koppelung zu Grunde, sondern man berechnete die Kurse, die von, bezw. zu der Kurslinie führte; so kam die eine Tafel für einen von der Hauptkurslinie der Fahrt abbiegenden, die andere für einen der Hauptkurslinie sich wieder nähernden Kurs in Betracht. Wohl waren durch Einführung des Schiffskompasses, durch Schaffung von

Tafelwerken für die Astronomie und terrestrische Navigation wesentliche Verbesserungen gegen früher für die Nautiker geschaffen, aber diese Fortschritte genügten im Zeitalter der Entdeckungen und des rascheren Aufblühens der Schiffahrt nicht. Nautiker und Wissenschaftler waren daher unermüdlich bestrebt, die nautischen Hilfsmittel zu verbessern.

Besonders erwünscht war die genaue Bestimmung der Schiffsgeschwindigkeit, um aus Kurs und zurückgelegter Distanz den Schiffsort zu berechnen. Diese Aufgabe war damals genau so wichtig wie heute; und so wurde die Einführung der Logge in die Nautik ein großer Fortschritt. Man ist seltsamerweise erst um 1500 auf die Anwendung der Reelingslogge gekommen. Gegen Ende des 16. Jahrhunderts finden wir die Handlogge erwähnt, die wahrscheinlich zuerst von englischen Seefahrern angewendet wurde. Reelinglogge und Handlogge werden noch jetzt benutzt, erstere zwar nur bei Fahrten bis zu 5 Knoten. In der Schiffahrt werden heute zur Fahrtbestimmung des Schiffes verschiedene Arten von Patentloggen verwendet, bei denen ein vom Schiff an einer langen Leine nachgeschleppter Propeller sich durch die Fahrt des Schiffes dreht und diese Umdrehungen entweder direkt oder durch die Drehungen der Leine auf ein Zählwerk überträgt, von dem die Anzahl der zurückgelegten Meilen sofort abgelesen werden kann. Genaue Ergebnisse sind mit den Patentloggen nicht erzielt worden; treibende Gegenstände beschädigen die Propellerflügel leicht, schweres Wetter und Stampfen des Schiffes sind von Einfluß, und nur bei Fahrten von 6 bis 16 Knoten sind die Patentloggen anwendbar. Mit Maschinenkraft bewegte Fahrzeuge haben die Möglichkeit, die Geschwindigkeit des Schiffes durch die Anzahl der Umdrehungen der Schiffsschraube bestimmen zu können, aber auch diese ergibt nur ungefähre Resultate, da besonders der Einfluß des Seeganges nur schätzungsweise in Rechnung gestellt werden kann. Man ist deshalb schon lange bestrebt, andere Fahrtmesser zu erfinden. Nahe lag es, die Schiffsgeschwindigkeit dadurch zu messen, daß man einen kleinen Propeller in ein Schutzrohr einbaut, welches man durch ein Ventil im

Schiffsboden in das Wasser hinausschiebt; der durch die Fahrt des Schiffes erzeugte Fahrtstrom dreht den Propeller, der selbst wieder ein Zählwerk in Bewegung setzt, das entsprechend der Umdrehungen des Propellers die zurückgelegten Meilen anzeigt. Ein Fahrtmesser dieser Art ist der von Forbes gebaute, der in verschiedenen Kriegsmarinen benutzt worden ist; die Ergebnisse waren aber nicht fehlerlos, da das „Forbes Log" leicht abnutzt und ebenfalls durch treibende Gegenstände Beschädigungen ausgesetzt ist. Während des Krieges ist von den Schweden ein neuer Fahrtmesser, „Navigator-Log" genannt, erfunden worden, der nach bereits gemachten praktischen Erfahrungen brauchbare Resultate gezeitigt hat. Dieser Fahrtmesser wird ebenfalls in den Schiffsboden eingebaut und basiert auf dem Gesetz der Pitot'schen Röhren (Ausnutzung des Drucks des Fahrtstromes auf Doppelröhren in Verbindung mit einer Membrane). Der unter der Wasserlinie anzubringende Hauptapparat ist als Fahrtmesser ausgebildet, von diesem werden die Meilenzähler betätigt, die in beliebiger Anzahl und an beliebigen Stellen angebracht werden können, da die Übertragung vom Hauptapparat aus elektrisch erfolgt. Die Herstellung und der Vertrieb des „Navigator-Log" erfolgt in Deutschland durch die Firma C. Plath, Hamburg. Wie verlautet, sind auch andere deutsche Firmen mit dem Bau von Schiffahrtsmessern dieser Art, die für jede Geschwindigkeit anwendbar sind, beschäftigt; gute Versuche sind gemacht worden. Unsere Schiffe können also jetzt mit brauchbaren Fahrtmessern ausgerüstet werden, die bei Berücksichtigung der Meeres- und Gezeitenströmungen verwendbare Resultate ergeben.

Die gewaltige Ausdehnung der Schiffahrt Ende des 15. Jahrhunderts veranlaßte auch die Kartographen, sich eingehender mit der Frage von Karten-Entwürfen zu beschäftigen die für die Seefahrer brauchbar waren, damit diese ihre Kurse bequem in die Karten zeichnen und Ortsbestimmungen eintragen konnten. Bis etwa 1500 waren Karten in der Art der Projektion des Marinus von Tyrus in Benutzung; im Jahre 1569 erhielten die Nautiker die Seekarten-Projektion, die sie gebrauchen konnten, durch Merkator (Gerhard Kremer aus Rupelmonde in Flandern 1512—1594). Die Merkator-Projektion wird auch heute noch allein für die Seekarten benutzt. Etwa zu der gleichen Zeit bürgerte sich in der Schiffahrt ein neues Instrument für astronomische Beobachtungen auf See in dem Kreuz- oder Jacobsstab ein, der in Europa bereits von Regiomontanus beschrieben wird, der aber anscheinend auch im Osten vorher nicht unbekannt war. Das Instrument bestand aus einem Längsstabe und zunächst einem, später zwei Querstäben. Beim Beobachten brachte man den Längsstab dicht an das Auge, visierte über die untere Kante der Querstäbe nach der Kimm und über die oberen Kanten der Querstäbe nach dem Gestirn; um diese gleichzeitige Beobachtung von Kimm und Gestirn zu ermöglichen, mußte man einen Querstab entsprechend der Höhe des Gestirns verschieben. An der Stellung des Querstabes auf dem Längsstab konnte man dann auf dem letzteren die Höhe des Gestirns ablesen. Dieses Instrument, obgleich es auch noch sehr unvollkommen war, erleichterte doch das Beobachten auf See wesentlich. Aus dem Astrolabium, dem Quadranten und dem Jacobsstab hat man mit der Zeit verschiedene Beobachtungsinstrumente konstruiert, besonders waren es die Engländer, die recht brauchbare Instrumente entwarfen, die von den Seefahrern mit „englischer Quadrant" bezeichnet wurden. Um eine genauere Ablesung der Beobachtungen an den Instrumenten zu ermöglichen, wurde die von dem Portugiesen Nonius (1492—1577) erfundene verschiebbare Vorrichtung an Meßinstrumenten zur Bestimmung kleiner Maßgrößen, die nicht mehr an der Einteilung abgelesen werden konnten, angebracht. Die beiden Instrumente ergaben trotzdem noch Fehler von 10 Bogenminuten. Erst der von dem Engländer John Hadley im Jahre 1731 geschaffene Spiegelsextant gab endlich dem Nautiker ein Instrument, das seinen Wünschen entsprach. Dieser Sextant ist dann mit der Zeit mehr und mehr vervollkommnet, und besonders deutsche Firmen wie C. Bamberg, W. Ludolph, C. Plath haben hervorragende Instrumente geschaffen. Der Fortfall der Berechnung der Monddistanzen und die Verbreitung der technischen

Navigation gestatten es wohl, daß in Zukunft die Anforderungen an die Beobachtungsinstrumente herabgesetzt werden, daß man sich vielleicht mit einer Ablesungsmöglichkeit von einer halben Minute begnügt. Leider ist es der Technik bisher noch nicht gelungen, ein Beobachtungsinstrument zu bauen, das dem Nautiker auf See gestattet, fehlerfreie Beobachtungen bei unsichtiger Kimm aber klarem Himmel anzustellen. Viele Versuche und Entwürfe sind in dieser Beziehung gemacht worden; die besten Instrumente hierfür sind z. Zt. der Ballon-Sextant von Professor Schwarzschild und vor allen Dingen der Horizont-Sextant von Coldewey.

Die astronomische Breitenbestimmung auf See hatte mit der Verbesserung der Beobachtungsinstrumente Fortschritte gemacht, aber die Längenbestimmung lag sehr im Argen, lediglich die Beobachtung von Sonnen- und Mondfinsternissen und der Trabanten des Jupiter wurden zeitweise benutzt, ergaben aber meist wenig befriedigende Resultate. Da man erkannt hatte, daß es möglich wäre aus dem Zeitunterschied zweier Orte den Längenunterschied zu berechnen, und dadurch die Länge des neuen Ortes festzulegen, so gab man sich sehr viele Mühe, genau gehende Uhren für Beobachtungszwecke zu schaffen. Uhren waren bereits im 15. Jahrhundert bekannt, diese waren jedoch ungenau und an Bord nicht zu verwenden. Im Jahre 1736 stellte der Engländer John Harrison das erste Chronometer her, das auf einer Reise von London nach Lissabon verwendet wurde, es stellten sich manche Fehler ein; aber im Jahre 1762 hatte er eins geschaffen, das sich auf einer Westindien-Reise sehr gut bewährte. Die Chronometer-Industrie, die auch in Deutschland hoch entwickelt ist, ist heute in der Lage, fast fehlerlose Instrumente herauszubringen.

Ebenfalls in der Mitte des 18. Jahrhunderts wurden die astronomischen Tafelwerke verbessert. Der Baseler Leonhard Euler gab 1749 Mondtafeln heraus, die von dem Mathematiker Tobias Mayer noch verbessert wurden, und die es erlaubten, durch Beobachten und Berechnen der Monddistanzen die Länge ohne Chronometer zu bestimmen. Die Monddistanzen haben sich bis heute erhalten, werden aber in Zukunft wohl ausgeschaltet werden, da die Entwicklung der nautischen Hilfsmittel sie überflüssig gemacht hat.

Das 18. Jahrhundert brachte durch die Schaffung eines brauchbaren Sextanten, des Chronometers und verbesserter Tafelwerke für astronomische und terrestrische Navigation den Nautikern bedeutende Hilfsmittel, die es gestatteten, die Schiffe sicherer und schneller über See zu führen und die Lage der neu entdeckten Länder genau zu bestimmen.

Das 19. Jahrhundert, das Jahrhundert der Erfindungen; hat der Nautik keine besonderen Neuerungen gebracht, wohl aber verschiedene Verbesserungen.

Ganz bedeutend entwickelte sich die Wetterkunde. Der Holländer Buys-Ballot (1817—1890) schaffte das nach ihm benannte Gesetz über die Wind- bezw. Sturmbahnen. Wetterwarten, Sturmwarnungsstellen wurden errichtet. Die Erforschung der tropischen Wirbelstürme, die unzähligen Schiffen früher verhängnisvoll geworden sind, machte große Fortschritte; auf diesem Gebiete leisteten die Jesuiten auf den Philippinen hervorragende Arbeiten. Institute wie die Deutsche Seewarte, die als Norddeutsche Seewarte 1868 durch W. von Freeden begründet und 1875 vom Reich mit ihrem jetzigen Namen übernommen wurde, wurden von allen größeren an der Schiffahrt beteiligten Nationen gegründet. Die Seekarten-Herstellung wurde eifrigst betrieben. Verbesserte Seehandbücher, Feuerbücher, nautische Jahrbücher und Tafelwerke, Gezeitentafeln, Stromatlanten und Monatskarten wurden herausgegeben und der Nachrichtendienst für Seefahrer wurde verbessert.

Das Barometer war seit 1643 bekannt, scheint an Bord aber erst viel später und sehr selten angewendet worden zu sein. Erst seitdem es gelungen ist, ein besonderes Barometer für Schiffszwecke zu bauen, hat das Quecksilber-Barometer, das sog. Marinebarometer, Verbreitung gefunden. Recht schnell hat sich das 1847 von Vidi erfundene Aneroid-Barometer an Bord eingebürgert, es ist bei den Nautikern sehr beliebt. Die Teilung der Barometer erfolgte bisher in Zoll und Millimeter; im Interesse der Wissenschaft ist eine neue Teilung, die dem

Zentimeter-Gramm-Sekunden-System entspricht, vorgeschlagen worden und bereits von einigen Wetterstationen und zum Teil im F. T. Wetterdienst angewandt. Das neue Maß heißt Millibar (= mb) und entspricht 1000 Dyn auf 1 qcm; 1000 mb entsprechen einem Barometerstand von 750,1 mm, man kann also für die Praxis mit genügender Genauigkeit 1 mb = $\frac{3}{4}$ mm und 1 mm = $\frac{4}{3}$ mb rechnen. Außer den Barometern werden an Bord auch Barographen und Barocyclonometer gegen Ende des 19. Jahrhunderts verwendet.

Die Erkenntnis des Einflusses der Temperatur von Wasser und Luft auf das Wetter veranlaßte die Mitnahme von Thermometern an Bord. Auf Schiffen der großen Fahrt werden alle 4 Stunden meteorologische Beobachtungen über Wind, Wetter, Bewölkung, Strömung, Barometerstand, Luft- und Wasser-Temperatur angestellt. Dank dieser Beobachtungen sind wir recht gut über die Wetterverhältnisse auf den Meeren unterrichtet.

Ganz erheblich hat der Ausbau der für die **Nautiker** so wichtigen Fahrwasserbezeichnungen im 19. Jahrhundert eingesetzt, Leuchttürme und Baken wurden in großer Zahl errichtet, Feuerschiffe und Bojen aller Art ausgelegt.

Das Seestraßenrecht wurde international geregelt und das Internationale Signalbuch geschaffen.

Die bereits erwähnte Patentlogge ist eine Erfindung des 19. Jahrhunderts und fand auf den schnell fahrenden Schiffen rasch Verbreitung.

Während die Lotungen früher von dem langsam fahrenden oder still liegendem Schiff aus stattfanden, verlangte die Schiffahrt Ende des 19. Jahrhunderts nach einem Lot, das auch in Fahrt gebrauchsfähig war. Auf Vorschlag des englischen Physikers Thomson wurde eine Lotmaschine konstruiert, unter Verwendung von Klaviersaitendraht. Die Tiefe wird bei dieser Patentlotmaschine nicht durch die Länge des ausgelaufenen Drahts, sondern durch den Druck des Wassers auf eine oben geschlossene unter offene, engwandige Glasröhre gemessen, die in kurzer Entfernung von dem Lotgewicht in einer Messinghülse befindlich auf den Grund gelassen wird.

Den Schiffen wurde durch die Patentlotmaschine ein wertvolles Hilfsmittel für die Navigation gegeben, da nun beim Loten die Fahrt des Schiffes nicht mehr gestoppt werden brauchte. Bei Tiefen über etwa 50 m und hohen Geschwindigkeiten stellen sich aber bei dieser Methode Ungenauigkeiten in den Ergebnissen ein, es werden meist etwa 5—15% zu große Tiefenangaben erhalten, daher bemühten sich Wissenschaft und Technik in den letzten Jahrzehnten etwas Besseres zu schaffen. Dem Physiker Alexander Behm aus Kiel gelang es, ein akustisches Lot, das auf der Messung von Schallwellen beruht, zu entwickeln. Erzeugt man im Wasser nahe der Oberfläche einen Schall, so gelangen bei genügender Stärke des abgegebenen Signals die Schallwellen zum Meeresgrunde und werden von hier wie ein Echo an die Oberfläche zurückgeworfen. Aus der Zeitdifferenz zwischen der Abgabe eines Knallsignals und der Ankunft des Echos kann man sich durch einfache Rechnung die Tiefe bestimmen, da die Geschwindigkeit des Schalls im Wasser, die etwa 1440 m pro Sekunde beträgt, bekannt ist. Verschiedene Firmen haben die Idee des Behm-Lotes aufgegriffen. Eine besonders glückliche Lösung ist das „Atlaslot", das dem Nautiker ermöglicht dauernd die Wassertiefen an einer Skala abzulesen. Bei dem „Atlaslot" der Atlas-Werke zu Bremen wird durch einen kleinen Motor ein Kontaktgeber in regelmäßigen Intervallen betätigt und schaltet einen von einer Umformermaschine gelieferten Wechselstrom eines Membransenders, als Schallgeber, für ganz kurze Zeit ein. Der Sender, der an einer Seite der Schiffswand befestigt ist, gibt dann jedes Mal einen kurzen Schallimpuls an das Wasser ab. Das Echo des Schalls, das zum Schiff zum Meeresboden zurückkehrt, wird durch einen besonderen auf der anderen Seite des Schiffes angebrachten Empfänger aufgenommen. Der Echoimpuls wird durch Verstärkerröhren verstärkt und bringt ein rotes Lämpchen, ein Neonrohr, zum Aufleuchten. Dieses Neonrohr rotiert zwangsläufig mit dem oben erwähnten Kontaktgeber hinter einer kreisförmigen Skala. Die

Einrichtung ist nun so getroffen, daß die Aussendung des Schallimpulses in dem Augenblick erfolgt, in dem der zunächst dunkle Lichtzeiger durch den Nullpunkt der Skala geht; in der Zeit, die der Schall zur Zurücklegung des Weges vom Schiff zum Meeresgrund und zurück zum Schiff gebraucht, hat der Zeiger sich je nach der Tiefe mehr oder weniger mit bewegt und das Aufblitzen erfolgt dann an einer Stelle der Skala, die der jeweils vorhandenen Tiefe entspricht. Die mit dem Echolot erzielten Ergebnisse sind recht gute; Fahrzeuge der Kriegsmarine, Vermessungs- und Kabeldampfer haben unzählige Echo-Lotungen ausgeführt, und auch auf einigen Handelsschiffen werden Echolote verwendet. Mit einer allgemeinen Einführung in die Schiffahrt dürfte zu rechnen sein, wenn der Preis der Beschaffung für die Apparate ein erschwinglicherer sein wird.

Ein weiteres akustisches Lot ist das „Freilot" oder „Fallot". Das Verfahren wurde bereits 1916 von der „Signal-Gesellschaft" in Kiel entwickelt, den Vertrieb und die Herstellung der Lotkörper haben die „Atlas-Werke" in Bremen übernommen. Bei dieser Methode wird eine kleine Lotbombe, die im Meerwasser eine Sinkgeschwindigkeit von 2 m pro Sekunde besitzt, über Bord geworfen und ihr Aufschlagen bezw. die Explosion auf dem Meeresboden mit Hilfe eines Unterwasserschallsignalempfängers beobachtet. Die Zeit zwischen dem Aufschlagen des Lotkörpers auf das Wasser und der Erzeugung des Knalls auf dem Meeresboden mit 2 (der Sinkgeschwindigkeit) multipliziert, ergibt die Wassertiefe. Die mit dem „Freilot" erzielten Ergebnisse sind recht gute, das Verfahren ist sehr bequem und sicher.

Ein optisches Instrument sei hier kurz erwähnt, das bisher fast ausschließlich zu artilleristischen Zwecken an Bord von Kriegsschiffen gebraucht wurde, aber ohne Zweifel auch gut als Entfernungsmesser für Handelsschiffe verwendet werden könnte; es ist der Stereo-Telemeter, wie ihn die Firma Zeiss in Jena geschaffen hat. In der Marine wurde das Instrument B. G. = Basis-Gerät genannt, da die Größe des Instruments einer bestimmten Basis entspricht, die den Berechnungen für die Entfernungsmessung, welche durch eine Art stereoskopisches Sehen erfolgt, zugrunde gelegt ist. Die Messungen mit dem B. G. erfordern etwas Übung, Berechnungen sind aber nicht erforderlich. Während des Krieges wurden ähnliche Instrumente sehr bekannt, die bei allen Heeren und Marinen verwendet wurden.

Zu Beginn des 19. Jahrhunderts begann der Bau eiserner Schiffe, die Eisenmassen wurden im Laufe der Zeit an Bord immer mächtiger, das hatte zur Folge, daß die Angaben des Kompasses fehlerhaft wurden. Sobald die Fehler auftraten, versuchte man sie zu bekämpfen. Der englische Kapitän M. Flinders — um 1800 — machte an Bord seines Schiffes, während er mit Vermessungsarbeiten an der Küste Australiens tätig war, zahlreiche Beobachtungen und versuchte durch experimentelle Versuche die Fehler festzustellen und zu beseitigen. Nach Flinders wird heute noch die im Gebrauch zu Kompensation von B 2 befindliche Flindersstange benannt. Eine wissenschaftliche Theorie schaffte der Mathematiker und Erdmagnetiker S. D. Poisson 1838. Das Problem, die Kompasse an Bord eiserner Schiffe einwandfrei zu kompensieren, hat dann viele Wissenschaftler und Nautiker veranlaßt, sich mit diesem wichtigen Thema zu beschäftigen; viele interessante und zahllose vergebliche Versuche sind gemacht worden. In Deutschland haben vor allen Dingen die Arbeiten von Prof. Dr. Meldau großen Erfolg gehabt. Eine restlose und fehlerfreie Lösung der Kompensation für moderne Kriegsschiffe oder U-Boote ist bisher nicht gelungen. Die Kompasse selbst wurden im Laufe des Jahrhunderts verbessert, der Physiker Thomson hat sich hier recht verdient gemacht. In den heutigen Thomson Trocken-Kompassen, in den modernen Fluid-Kompassen, von denen besonders der C. Z.-Kompaß der Firma Ludolph erwähnt sei, und in den Hechelmann-Rosen haben wir hochwertige Modelle. Kompaßhäuser, Kompaßkessel, Kompensationseinrichtungen wurden weiter verbessert. Von der Strich-Rose ging man im 19. Jahrhundert zur Grad-Rose über, im Anfang des 20. Jahrhunderts wurde die 360 Grad-Rose in die Handelsschiffahrt eingeführt. Hilfsmittel zur Kompensation, wie Vertikalkraftwage und Deflektor wurden von Thompson geschaffen. In

Deutschland haben die Firmen C. Bamberg, Hechelmann, W. Ludolph und C. Plath sich besonders im Bau von Kompassen hervorgetan.

Wie bereits erwähnt, ist es fast unmöglich, für moderne Kriegsschiffe und U-Boote fehlerfreie Kompasse aufzustellen, und so hat schon lange der menschliche Geist gearbeitet, einen Ersatz für den Magnetkompaß zu finden. Auf Grund der Arbeiten des französischen Physikers Foucault, der 1852 nachgewiesen hatte, daß die Achse eines Kreisels, dessen Achse gezwungen ist in einer horizontalen Ebene zu bleiben, eine Richtkraft nach den Nord-Süd-Punkten des Horizontes resultiert, wurden mehrfach Versuche angestellt, diese Richtkraft zur Schaffung eines magnetlosen Kompasses auszunutzen. Im Jahre 1900 begann Dr. Anschütz-Kaempfe in Deutschland seine Versuche, einen bordbrauchbaren Kreiselkompaß zu schaffen. 1904 konnte er die ersten praktischen Versuche an Bord S. M. S. „Undine" anstellen, die aber fehlschlugen. Nach durchgreifenden Verbesserungen, die z. T. darin bestanden, daß man von dem Einkreiselsystem abging und zunächst das Zwei-, später das Dreikreiselsystem einführte, und den Apparat vereinfachte, konnte einige Jahre später ein Kreiselkompaß, der allen Anforderungen der Nautiker genügte, der Schiffahrt übergeben werden. Gänzlich korrektionslos ist zwar auch ein guter Kreiselkompaß nicht, da er der Schwerkraft und der Einwirkung der Drehung der Erde um ihre Achse unterworfen ist, und ferner die Fahrt des Schiffes nicht ohne Einfluß ist. Für Breite, Kurs und Geschwindigkeit sind kleine Verbesserungen anzubringen, die in Tabellen zusammengestellt sind. Und zwar sind die Verbesserungen bei Ost- und Westkursen in allen Breiten und bei allen Fahrgeschwindigkeiten gleich null; bei Nord- und Südkursen in niedrigen Breiten klein, in hohen Breiten größer und bei kleiner Fahrt kleiner als bei größerer. Die Werte, für welche ein Kreiselkompaß in unseren Breiten im Höchstfalle berichtigt werden muß, betragen etwa $2,5°$ und zwar ist die Verbesserung bei nördlichen Kursen negativ und bei südlichen Kursen positiv anzubringen, das gilt sowohl für Nord- als für Süd-Breite.

Möglich wurde die Schaffung des Kreiselkompasses nur durch die Entwicklung der Elektrotechnik, die es gestattete, einem Kreisel von etwa 15 cm Durchmesser eine Geschwindigkeit von 20 000 Umdrehungen in der Minute zu geben.

Der Vorteil der Kreiselkompasse besteht ferner darin, daß dem Hauptkompaß eine beliebige Zahl Tochterkompasse angeschlossen werden können. Diese Tochterkompasse sind da, wo sie als Steuerkompaß Verwendung finden, so eingerichtet, daß sie in der Mitte der Gradrose eine sogenannte Minutenrose haben, die eine vollständige Umdrehung bei einer Kursänderung von nur 10° macht. Der Mann am Ruder ist daher in der Lage, den geringsten Betrag des Ausscheerens zu erkennen; ungemein genaues Steuern und dadurch Kohlenersparnis sind die Erfolge.

In Verbindung mit dem Kreiselkompaß hat man vielfach einen „Kursschreiber" gebracht, so daß der gesteuerte Kurs fortlaufend registriert wird. Ferner sind von der Firma Anschütz & Co. sogenannte „Koppeltische" geschaffen worden. Bei einem Koppeltisch werden die Angaben des Kreiselkompasses und die eines Fahrtmessers fortlaufend aufgezeichnet und so der Schiffsort fortgesetzt und selbsttätig bestimmt. Schließlich hat die gleiche Gesellschaft einen „selbststeuernden Kompaß", das Selbsteuer, konstruiert. Mit Hilfe elektrischer Übertragungen ist es gelungen eine Koppelung zwischen Steuerkompaß und Ruder zu erreichen, und eine automatische Steuerung des Schiffes herbeizuführen. Schiffe, die mit solchem Selbststeuer ausgerüstet sind, dürften unter günstigen Umständen etwa 2—3 volle Betriebstage im Jahre ersparen, so daß sich für zahlreiche Schiffe die Anschaffung ohne Zweifel lohnen dürfte. Praktische und erfolgreiche Ergebnisse sind bereits mit diesem „Selbststeuer" erzielt worden. An dieser Stelle sei erwähnt, daß solche Übertragungen auch mit Magnetkompassen versucht und ebenfalls erfolgreich — wenn auch nicht in der Praxis — durchgeführt worden sind.

Die Firma Anschütz & Co., Kiel, hat sich mit dem Bau des Dreikreiselkompasses nicht zufrieden gegeben, da dieser nicht allen Wünschen entsprach. Den Bemühungen der Firma ist es etwa im Jahre 1926 gelungen, einen „Feinmeß"- oder „Kugelkompaß" zu konstruieren und damit der Schiffahrt einen noch genaueren Kursweiser zu schaffen. Die theoretische Wirkungsweise ist dieselbe, wie die des Dreikreiselkompasses, obgleich bei dem Kugelkompaß nur zwei Kreisel verwendet werden, die Apparatur ist jedoch eine wesentlich andere. Bei dem neuen Kreiselkompaß befinden sich zwei Kreisel innerhalb eines kugelförmigen Schwimmers, der Kreiselkugel. Die Kugel enthält außer den Kreiseln und einer prinzipiell ebenso wie bei dem Dreikreiselkompaß wirkenden Dämpfung noch einen Ölvorrat für die Schmierung, ferner sind einige elektrische Spulen in der Kugel untergebracht, deren Inneres ebenfalls wie der Mutterkompaß des Dreikreiselkompasses mit Wasserstoffgas angefüllt ist. Die Kugel ist hermetisch verschlossen, außen ist sie mit einer Isoliermasse überzogen, welche oben und unter und an der Äquatorialperipherie stromleitende Teile hat. Der Äquatorgürtel der Kugel ist mit einer 360° Teilung versehen. Die Kreiselkugel befindet sich in einer Hüllkugel, die mit Wasser und einem Glyzerinzusatz gefüllt ist. Die Flüssigkeit umgibt allseitig die Kreiselkugel, die mit einem ganz geringen Gewicht auf dem Boden der Hüllkugel aufliegt, wenn der Apparat stromlos ist. Wird die Anlage in Betrieb genommen, so werden durch die vorhandenen elektrischen Spulen Wirbelströme und Wechselfelder erzeugt, die eine abstoßende Wirkung zwischen der Hüllkugel und der Kreiselkugel erzeugen, die Kreiselkugel wird angehoben und schwebt frei in der Flüssigkeit. Außer diesen Hauptteilen des Apparates gehören einige weitere dazu. Bei dem Feinmeßkompaß, der für große Handelsschiffe und Kriegsschiffe zur Verwendung gelangt, ist die Hüllkugel mit sechs Tragarmen in einem Flüssigkeitsbehälter aufgehängt, ferner gehören die Anlagen für die Stromzuführungen, für den Nachdrehmotor für den Betrieb der Tochterkompasse usw. dazu. Zur Verwendung gelangen schließlich Verstärkerröhren und eine Kühleinrichtung, die sich automatisch einschaltet, wenn die Temperatur der Flüssigkeit zu hoch steigt. Der

Kugelkompaß zeichnet sich durch große Unempfindlichkeit gegen alle Schiffsbewegungen aus, sein Aufstellungsort kann beliebig ausgewählt werden, die Bedienung der Anlage ist einfach. Für die allgemeine Handelsschiffahrt, die die große Anlage des Kugelkompasses nicht benötigt und auch nicht anschaffen kann, wird von der Firma Anschütz & Co. ein einfacheres Modell des Kugelkompaß ohne Tochterkompasse und ohne große Apparate und unter Fortfall der Verstärkerröhren geschaffen.

Der Kreiselkompaß ist eine Erfindung des 20. Jahrhunderts, das der Nautik bereits weitere Hilfsmittel gegeben hat und wohl noch andere geben wird.

Die Fischer von Ceylon verständigen sich vielfach dadurch auf See, daß ein Topf über Bord gehangen und angeschlagen wird, der Ton kann dann mit dem Ohr am Boden der dünnwandigen Fahrzeuge von anderen Booten ziemlich weit gehört werden. Wir haben es wohl hier mit der primitiven Form der Unterwasserschallsignal-Telegraphie (U. T.) zu tun.*) Die wissenschaftliche Bearbeitung des Unterwasserschallwesens reicht bis 1826 zurück, wo Sturm und Calladon im Genfer See Versuche anstellten und die Fortpflanzungsgeschwindigkeit des Schalls im Wasser zu 1435 m/sk. feststellten. Amerika, England und Frankreich haben in den achtziger Jahren mehrfach versucht, brauchbare U. T. Apparate zu bauen, da man erkannte, wie unzuverlässig die Schallwellen in der Luft übermittelt wurden. Hörweite, Hörrichtung sind bei der Anwendung von Nebelhörnern, Knallsignalen, Sirenen und Glocken in der Luft unberechenbar, da Windstärke, Windrichtung, Nebelbänke, Luftsäcke, Wolkenbänke die Schallwellen in der Luft beein-

---

*) Der Einfachheit halber werden praktisch in Zukunft die Unterwasserschallsignal-Apparate und das Unterwasserschallsignalwesen kurz mit U. T. bezeichnet. Da diese Abkürzung einfacher und klarer auszusprechen ist wie U. Wss. usw., wenn auch der Ausdruck U. T. = Unterwasserschall-Telegraphie etwas mehr umfaßt, wie die einfachen Unterwasserglockensignale und ihr Empfang. Die Abkürzungen in den Seekarten z. B. für Unterwasser-Glocke = U. Gl. sind selbstverständlich als genaue Spezialangaben beizubehalten.

trächtigen. Das Wasser ist wegen seiner größeren Dichtigkeit und gleichmäßigeren Beschaffenheit als Schalleiter weit weniger Störungen ausgesetzt; Hörweite und Richtungsbestimmung sind zuverlässiger. Die Amerikaner Mundy und Gray stellten Versuche mit U. T. in der offenen See an, die so gut verliefen, daß sie ausreichende Mittel erhielten, ihre Experimente fortzusetzen und die Submarine Signal Compagny gründen konnten. Im Jahre 1904 waren die ersten brauchbaren Apparate zum Geben und Empfangen von U. T. Signalen fertiggestellt. Der Norddeutsche Lloyd ließ als erste deutsche Reederei seinen Dampfer „Kaiser Wilhelm II." mit einem Empfänger ausrüsten, da die Amerikaner sofort ihre wichtigsten Feuerschiffe mit Unterwasserglocken ausgerüstet hatten. Deutschland, England und Kanada schafften dann ebenfalls zahlreiche U. T. Stationen und die Reeder rüsteten ihre Schiffe mit Empfängern aus. In Deutschland wurden die Einrichtungen für U. T. nach dem amerikanischen System von den Atlas-Werken eingebaut, die noch manche Verbesserung einführten. In Deutschland hat ferner die Signal-Gesellschaft G.m.b.H. Kiel Hervorragendes auf dem Gebiete der U. T. Technik geleistet. Der erste Gebeapparat für U. T. bestand aus einer besonders gebauten Glocke, die an einer Boje oder an einem Feuerschiff frei im Wasser aufgehängt war und durch Luftdruck oder Elektrizität betrieben wurde. Die Töne der angeschlagenen Glocke pflanzen sich nach allen Richtungen gleichmäßig fort. Der Empfänger zur Aufnahme des Schalls an Bord besteht aus zwei Aufnahmeapparaten, von denen je einer an St. B. und B. B. in der Nähe des Vorschiffs etwa 10 Meter entfernt vom Vordersteven angebracht ist. Der Aufnahmeapparat besteht aus einem an der Bordwand befestigten Tank, der in seinem Innern ein wasserdicht gekapseltes Mikrophon trägt, von dem eine gewöhnliche Telefonleitung nach der Brücke geht. Das Telefon auf der Brücke kann durch einen Schalter mit dem St. B. und B. B. Empfänger verbunden werden, wodurch man feststellt, woher der Ton kommt und dementsprechend manövrieren kann. Diese Geber- und Empfangsanlagen sind in den letzten Jahren wesentlich verbessert, bezw. durch neue Apparate ersetzt worden, und gerade die deutschen Firmen haben auf dem Gebiete des U. T. Wesens Hervorragendes geleistet. So ist es gelungen Apparate zu schaffen, mit denen sowohl gegeben, wie auch aufgenommen werden kann: es werden hier zum Geben Membran-Elektromagnet-Sender verwendet. Diese neuen Geber gestatten es auch, daß Töne von verschiedenen Schwingungen abgegeben werden; im allgemeinen sind die Apparate auf 1050 Schwingungen abgestimmt, da sich diese Schwingungszahl als die geeignetste erwiesen hat. Während des Krieges sind schon Schiffe mit den neuen U. T. Apparaten mit Gebe- und Empfangsanlagen ausgerüstet worden. Schiffe, die mit diesen modernen U. T. Apparaten ausgerüstet sind, können sich auf See verständigen durch U. T. Signale; solche Schiffe sind ferner in der Lage im Nebel sicher einander zu passieren, wenn sie an B. B. und St. B. bestimmte Signale geben und diese als „Nebelpositionslaternen" verwenden; es könnten dann z. B. Ton zu Ton wie grün zu grün, und zwei Töne zu zwei Töne wie rot zu rot vorüberziehen.

Schließlich ist es der U.-T.-Technik gelungen, einen bordbrauchbaren Richtungsempfänger zu schaffen, der es ermöglicht, die Richtung des Schalls eines U.-T.-Signals, ohne daß das Schiff gedreht wird, festzustellen. Diese Richtungsempfänger beruhen auf dem stereoskopischen Hören der Signale, an Bord sind die Anlagen so eingerichtet, daß man sofort die Peilung in Graden von der Mittschiffslinie erhält. Befindet sich ein Schiff in der Nähe mehrerer U.-T.-Stationen, z. B. von zwei mit U.-T. ausgerüsteten Feuerschiffen, so kann der Nautiker eine U.-T.-Kreuzpeilung nehmen, die ihm bei unsichtigem Wetter von unschätzbarem Nutzen ist.

Mit den modernen U.-T.-Apparaten sind Beobachtungen auf 50 Sm. und mehr gemacht worden, aber leider kann man selten mit solchen Leistungen rechnen, da die Wassertiefe, die Bodenbeschaffenheit (zwischenliegende Sandbänke), die Wassertemperatur und der Salzgehalt des Wassers eine Rolle spielen. Nach den angestellten Beobachtungen ist die Reichweite von U.-T.-Signalen im Sommer geringer als im Winter, und bei kleinem Salzgehalt des Wassers geringer als bei größerem. So hat man beobachtet, daß die Reichweite der Unterwasserglocke des Weser-Feuerschiffes, das auf etwa 23 m Wasser liegt, im Januar etwa 13 Sm., im Sommer dagegen nur 5 Sm. betrug. Bei dem Feuerschiff von Nantucket Shoals, das auf 55 m Wasser ausliegt, wurden nur kleinere Schwankungen der Reichweite beobachtet, im Winter war die Reichweite etwa 9 Sm., im Sommer 7 Sm. Trotz dieser Schwankungen der Reichweite sind die U.-T.-Stationen für die Schiffahrt zur Ansteuerung der Küsten im Nebel von größter Bedeutung.

Aber nicht nur die U.-T. bietet dem Nautiker ein wichtiges Hilfsmittel für die Navigation, sondern auch die Funken-Telegraphie (hinfort mit F.-T. bezeichnet). Die Versuche der Telegraphie ohne Draht sind alt und reichen bis in die fünfziger Jahre des 19. Jahrhunderts, aber erst 1896 gelang es Marconi auf Grund der Erfahrungen von Herz, die F.-T. praktisch anzuwenden. Die F.-T. hat sich erst langsam, dann sehr schnell in die Schiffahrt eingebürgert, im Jahre 1918 waren (vor der Abgabe der Kriegs- und Handelsflotte) allein etwa 1100 deutsche Handels- und Kriegsschiffe mit F.-T.-Stationen nach dem Telefunken-System ausgerüstet. Der Nautiker bekam durch die F.-T. zunächst ein Mittel in die Hand, auf hoher See Zeitsignale zur Chronometerkontrolle und ferner bei weiterer Entwicklung der F.-T. auch Wetterberichte zu empfangen, von Bord konnten Nachrichten und Notsignale gegeben werden. Zur Richtungsbestimmung konnte die F.-T. anfangs nicht verwendet werden, obgleich viele Versuche — so bereits 1886 von Herz — angestellt wurden; endlich 1907 gelang es, für die Praxis brauchbare F.-T.-Richtungsanlagen zu schaffen, durch geeignete Antennenanordnung nach dem System Bellini-Tosi und Erfindung des Radiogoniometers zur Feststellung der Richtung der Sendestationen wurde ein Weg gefunden, der das Problem löste. 1912 wurde ein weiteres System in dem Telefunkenkompaß in Deutschland auf Arkona zur Anwendung gebracht, bei dem auf acht nach den Himmelsrichtungen mit der Station als Mittelpunkt ausgespannten Antennenpaaren nacheinander bestimmte Zeichen gegeben wurden, aus deren Lautstärke, bezw. Lautschwäche, da sich letztere sicherer als die Lautstärke bestimmen läßt, der Empfänger auf See dann die ungefähre Richtung der Station bestimmen kann.

Im Jahre 1924 hat eins der wohl bedeutendsten Hilfsmittel der technischen Navigation, der Funkpeiler, Eingang in die Handelsschiffahrt gefunden. Der Funkpeiler besteht in der Hauptsache aus einer drehbaren Rahmenantenne von etwa ein Meter Durchmesser, ferner aus einer Hilfsantenne und einer Empfangsapparatur, die aus einigen Spulen und Verstärkerröhren besteht. Mit dem Funkpeiler beobachtet man den lautesten Empfang einer Funkstation, wenn die Ebene des Rahmens in der Richtung der Sendestation liegt; der schwächste Empfang findet statt, wenn der Rahmen rechtwinklig zur Sendestation steht. Man ist so in der Lage den Standort durch Drehen des Rahmens festzustellen, durch Ablesen einer Skala wie einer Peilscheibe und gleichzeitiger Beobachtung des Schiffskurses erhält man die Funkpeilung. Der Debeg bezw. der Firma Telefunken ist es gelungen, ein für die Schiffahrt sehr brauchbares Instrument für die Navigation zu schaffen, das den Nautikern schon viele gute Dienste geleistet hat.

Der Nautiker an Bord eines mit F.-T. ausgerüsteten Schiffes hat nun je nach dem System der Bordstation die Möglichkeit, seinen Schiffsort durch F.-T.-Peilungen zu bestimmen. Ist eine Bord-F.-Station mit einer Rahmen-Antenne oder einer Antenne nach dem System Bellini-Tosi und Radiogoniometer ausgerüstet, so können von Bord aus die Richtungen in Reichweite befindlicher F.-T.-Stationen festgestellt und auf Grund dieser Peilungen der Schiffsort bestimmt werden.

Die Funkpeilungen von Bord aus bezeichnet man als Eigenpeilungen, die Funkpeilungen, die von Land aus gegeben werden, als Fremdpeilungen. Bei den letzteren sendet das Schiff F. F.-Zeichen aus und die angerufene Landstation mit Richtungsanlage peilt das Schiff und gibt ihm die Peilung, oder aber, falls 2 oder 3 Landstationen — wie z. B. List, Nordholz, Borkum —

zusammenarbeiten, erhält das Schiff gleich den Schiffsort angegeben. Im allgemeinen wird empfohlen, daß sich ein Schiff, das keine eigenen Richtanlagen hat, die Peilungen geben läßt und dann diese bei nicht zu großen Entfernungen zwischen Bord- und Peilstation in die Seekarte einträgt. Das Einzeichnen in die Merkator-Karte kann aber nur dann erfolgen, wenn in unseren Breiten die Entfernung zwischen in östlichen oder westlichen Richtungen liegenden Stationen 60—70 Sm. nicht übersteigt. In einer Breite von 60° entsteht bei einer Eintragung eines F.-T.-Peilstrahls in die Seekarte bei einer Entfernung von 60 Sm. zwischen den Stationen ein Fehler von etwa 1 Sm. In niederen Breiten kann man noch weiter als wie oben angegeben abstehen und die Peilstrahlen in die Seekarte einzeichnen, ohne einen größeren Fehler zu erhalten; in höheren Breiten nimmt letzterer dagegen schnell zu, wenn nicht zufällig beide Stationen auf dem gleichen Meridian (also größtem Kreise) liegen.

Die F.-T.-Wellen sind elektrische Wellen, die keine geraden Linien, sondern größte Kreise sind; man kann daher bei großem Abstande von den gepeilten F.-T.-Stationen die Peilstrahlen, ohne besondere Berechnung oder bereits vorhandener Hilfstafeln, nicht in die Merkatorkarte eintragen, sondern nur in eine gnomonische Karte. Um die Ortsbestimmung durch F.-T. zu vereinfachen, ist daher vorgeschlagen worden, besondere F.-T.-Peilkarten herauszugeben, die die Kurven gleicher Azimutunterschiede der Stationen enthalten, und zur Bestimmung des Schiffsortes durch F.-T. von Bord aus nach der Aufgabe der vier Punkte zu verfahren. Man müßte also von Bord aus die Azimutunterschiede von drei an der Küste gelegenen Funkstationen messen und mit den gemessenen Winkeln müßte man in die Peilkarte eingehen. Der Schnittpunkt der beobachteten Azimutkurven ist dann der Schiffsort. Mit der F.-T.-Ortsbestimmung sind sehr gute Erfahrungen gemacht worden. Leider treten aber bei den F.-T.-Peilungen zeitweise Fehler auf, deren Beseitigung noch nicht gelungen ist. So werden die F.-T.-Wellen namentlich an den Küsten, also beim Übergang von Wasser und Land oder umgekehrt, ferner durch starke Wolkenbildung, Gewitterwolken, Nebel und bei der Dämmerung (Nachteffekt) zeitweise abgelenkt. An Bord wird die Richtung des ankommenden Funkstrahls durch die Eisenmassen des Schiffes abgelenkt; daher hat man bei den meisten Funkpeilern Funkbeschickungen anzubringen; eine besonders günstige Lage der Funkanlagen an Bord, weit von größeren Eisenmassen entfernt, hat sich als vorteilhaft erwiesen. Bei in der Nacht genommenen F.-T.-Peilungen hat man ungenauere Resultate im Durchschnitt erzielt als bei Tagesbeobachtungen; bei Sonnenaufgang bessere Ergebnisse als bei Sonnenuntergang. Ferner scheinen manche Gebiete Störungen besonders zu begünstigen, so hat man in Gegenden, wo sich Erzlager befinden, solche mehrfach beobachtet. Schließlich hat man festgestellt, daß sich die F.-T.-Wellen erst in einiger Entfernung regelmäßig ausgebildet haben. Bei guten F.-T.-Anlagen, bei normalen Witterungsverhältnissen und gut ausgebildetem Personal ist eine Genauigkeit der F.-T.-Peilungen von 0,2° bis 1° vielfach erreicht worden. Die Verwendung von F.-T.-Richtsendern als drahtlose Leuchtfeuer lag nahe, und es sind bereits Versuche in der Richtung gemacht worden. Eine ganze Anzahl Stationen gibt heute bereits bei unsichtigem Wetter F.-T.-Signale, um sich der Küste nähernde Schiffe zu warnen und diesen Gelegenheit zu geben, Peilungen zu nehmen, wenn sie Funkpeiler an Bord haben.

In der gleichzeitigen Verwendung von F.-T. und U.-T. zur Ortsbestimmung liegen ebenfalls bereits praktische und erfolgreiche Versuche vor. Werden solche Signale gleichzeitig von einem Feuerschiff abgegeben, so kann man aus dem Unterschied der Ankunftszeiten des F.-T.-Signals (300 000 km p. Sek.) und U.-T.-Signals (1,440 km p. Sek.) die Entfernung des Feuerschiffes berechnen. Und ist man in der Lage, nach dem U.-T.-Schall des Feuerschiffs die Richtung zu bestimmen, dadurch, daß man es recht voraus bringt, oder mit Hilfe eines U.-T.-Richtungsempfängers feststellt, oder kann man eine F.-T.-Peilung des Feuerschiffes erhalten, so hat man den Abstand und die Peilung vom Feuerschiff und somit seinen Schiffsort.

Außer zu Zwecken der Ortsbestimmung leistet die F.-T. dem Nautiker noch wertvolle Dienste durch Nachrichtenübermittlung von Zeitsignalen, Wetterberichten, Minennachrichten, Eismeldungen, Nachrichten für Seefahrer usw.

Um den F.-T.-Verkehr in der Luft zu entlasten, sind Versuche angestellt worden, das Meerwasser zum Träger der elektrischen Wellen zu machen, und es besteht vielleicht die Möglichkeit, dem Nautiker durch die „F.-T. unter Wasser" ein weiteres Hilfsmittel zu geben.

Gleichzeitig mit den Bestrebungen nach Schaffung der drahtlosen Telegraphie wurde versucht, die drahtlose Telephonie — hinfort kurz mit D. T. bezeichnet — zu ermöglichen. Im ersten Jahrzehnt unseres Jahrhunderts wurden in dieser Richtung gute Erfolge erreicht, und 1913 wurden für die Praxis brauchbare Resultate erzielt. Die D. T. hat ebenfalls ihren Einzug in die Schiffahrt gehalten, und wenn nicht alles täuscht,, so wird die D. T. dank Wissenschaft und Technik einst eins der wichtigsten Hilfsmittel der Schiffahrt und besonders der Nautiker werden. Die D. T., das sei hier gleich bemerkt, leidet bisher unter denselben Fehlerquellen wie die F.-T.; ferner kann zurzeit nur ein abwechselnder Empfangs- oder Sendebetrieb stattfinden, da das Problem des Gegensprechens, wie wir es bei unserm Landtelephon haben, noch nicht restlos für die Praxis gelöst ist. Die D. T., die jetzt schon vielfach an Land benutzt wird, hat an Bord bisher leider nur wenig Verwendung gefunden.

Die Anwendungsmöglichkeiten der D. T. sind, wenn die entsprechenden Einrichtungen an Land und an Bord geschaffen würden, die gleichen wie die der F.-T. Der Vorzug der D. T. vor der F.-T. ist aber der, daß unter Voraussetzung der Kenntnis der Apparate, der Empfänger die telephonischen Nachrichten sofort abhören kann und sich nicht mit dem Abhören von F.-T.-Zeichen nach dem Morse-System abplagen muß. Die D. T.-Wetterberichte, die jetzt die Marine von Wilhelmshaven aus täglich gibt, kann jeder Nautiker an Bord eines Schiffes in der Nordsee mühelos abhören, wenn ein Empfangsapparat an Bord ist. Hoffentlich gelingt es bald, praktische und billige Apparate und zahlreiche D. T.-Stationen an den Küsten zu schaffen, damit dieses Hilfsmittel weitgehendste Verbreitung findet. Die D. T. und U.-T. können, wenn die Einrichtungen dafür vorhanden sind, genau wie F.-T. und U.-T. gemeinsam zur Ortsbestimmung angewendet werden.

Schließlich hat die Elektrotechnik dem Nautiker noch ein neues Hilfsmittel geschaffen durch die „Leitkabel", deren praktische Anwendung zuerst im Kriege stattfand, wo es galt, durch schwierige Fahrwasser, die ohne Bezeichnung waren, durch schmale Fahrstraßen zwischen Minenfeldern bei Nacht und Nebel das Schiff sicher zu führen. Das Leitkabel besteht aus einem oder zwei Kabel, die in der Richtung des Kurses, den die Schiffe in einer Flußmündung oder in einem engen Küstengewässer nehmen sollen, ausgelegt werden. Durch die, bezw. das Kabel werden Wechselstromzeichen im Takte eines, bezw. zweier verschiedener Morsebuchstaben geschickt, die an Bord mit Hilfe von empfindlichen Empfangsapparaten, die an St.-B. und B.-B. und bei einzelnen Systemen auch noch in der Mittelschiffslinie angeordnet sind, entweder als optische oder akustische Zeichen aufgenommen werden können. Die Navigation mit Hilfe zweier Leitkabel besteht darin, daß man dem Schiffe eine solche Lage zu den Kabeln gibt, daß man an B.-B. und St.-B. gleiche Zeichen oder Töne beobachtet, daß man sich also über der Mitte des Kabels befindet; liegt das Kabel an einer Seite des Fahrwassers, so darf man nur an einer Seite die Zeichen empfangen. Um bei dem Einkabelsystem die Richtung des Schiffes zur Kabelrichtung leichter festzustellen, wendet man außer dem B.-B., bezw. St.-B.-Empfänger noch einen dritten Empfänger an, der es gestattet, in der Art des Radiogoniometers bei der F.-T.-Richtungsbestimmung die Lage des Kabels zum Schiff zu bestimmen.

Das Leitkabel hat wie F.-T. und D. T. die gleiche Fehlerquelle, daß eiserne Schiffskörper die Kraftlinien, die von dem Kabel ausgehen, stören; doch hat man diese

Fehler schon erfolgreich, wenn auch nicht vollständig, bekämpft.

Die Bedeutung des Leitkabels für den Nautiker liegt darin, daß es ihm ermöglicht wird, schwierige Küstengewässer, Flußmündungen, Hafeneinfahrten bei dem unsichtigsten Wetter ohne Lotsenhilfe zu befahren, wenn ein Leitkabel*) ausgelegt ist, und das Schiff mit Empfangsapparaten dafür ausgerüstet ist. Zur Ansteuerung von San Francisco, New-York, Brest, Porthmouth sind bereits Leitkabel ausgelegt. In Deutschland wurde während des Krieges ein Leitkabel von etwa 200 km Länge erfolgreich an der Nordseeküste verwendet. Ohne Zweifel bietet das Leitkabel für die Schiffahrt große Vorteile, da die Schiffe stets ohne Zeitverlust und Lotsenhilfe bei unsichtigem Wetter Häfen anlaufen und verlassen können. Leider bietet die Verankerung der Leitkabel noch so große Schwierigkeiten und die Auslegung so hohe Kosten, daß in den letzten Jahren keine neue Anlagen geschaffen worden sind.

Eine weitere Erfindung für die Zwecke der Ortsbestimmung ist die „Schallortung", das Verfahren hat allerdings den Nachteil, daß die Bestimmung des Schiffsortes von Land erfolgt. Das Verfahren hat sich bei angestellten Versuchen bewährt, es arbeitet folgendermaßen:

Das Schiff, das seinen Ort im Nebel bestimmen lassen will, funkt diesen Wunsch nach Land. Von dort kommt die Aufforderung, ein Schallsignal abzugeben. Dies wird vom Schiff gegeben und von einigen an der Küste aufgestellten Spezial-Mikrophonen aufgenommen, die durch Leitungen mit dem von Siemens & Halske gebauten Oszillographen verbunden sind. Auf diesem Apparat markieren sich automatisch auf einem Filmstreifen die Unterschiede der Zeiten, die der Schall vom Schiff bis zu den verschiedenen Mikrophonen braucht. Aus diesen Zeitunterschieden, die bis auf Hundertstel

---

*) Zum leichten Ansteuern der Leitkabel müßten Unterwasserschallsender ausgelegt werden, da die Reichweite der Leitkabelzeichen nur gering ist.

Sekunden genau abgelesen werden können und die nach Tabellen mit Bezug auf gleichzeitig beobachteten Wind und Temperatur verbessert werden, bestimmt sich der Schiffsort. Und zwar wird er unmittelbar aus einer Seekarte, auf der die Linien gleichen Schallzeit-Unterschiedes eingezeichnet sind, abgelesen und dem Schiff funkentelegraphisch mitgeteilt. Der ganze Vorgang beansprucht etwa 5 Minuten Zeit.

Schließlich sei nicht unerwähnt, daß in den letzten Jahren verschiedene Versuche angestellt worden sind, die Schallsignalmittel der Schiffe zu verbessern, die diese zur Signalgebung bei unsichtigem Wetter bezw. zur Feststellung der Positionen der Schiffe zueinander benötigen. Jeder, der einmal an einer Seefahrt bei Nebel teilgenommen hat, wird die große Wichtigkeit eines einwandfreien Signalmittels für die Abgabe der Nebelsignale der Schiffe erkannt haben. Ähnlich den bei dem Unterwasserschall-Signalwesen erwähnten elektrischen Membransendern, bei denen eine starke Metallplatte in Schwingungen versetzt und dadurch zum Tönen gebracht wird, hat man Luftschallsender konstruiert, von denen das Nautophon von den Atlas-Werken in Bremen und ein anderer Luftschallsender von der Elektroakustic in Kiel hergestellt wird. Das Nautophon hat einen musikalischen Ton, der Luftschallsender der Elektroakustic erzeugt ein Ton-Gemisch, da unreine Töne vielfach besser wahrgenommen werden als reine. Da die Ton-Schwingungen, die Ton-Stärke und die Strahlung der Ton-Wellen sich regulieren lassen, so hat dieses neue Schallsignalmittel gegenüber den Dampfpfeifen, Sirenen und Nebelhörnern manche Vorzüge, und es ist zu erwarten, daß die Luftschallsender mehr und mehr Eingang an Bord der Schiffe finden.

Dem Nautiker stehen also heute verschiedene neue Hilfsmittel zur Verfügung; die Navigation ist erheblich vielseitiger geworden. Zum Unterschied von der terrestrischen und astronomischen Navigation ist für die Navigation mit F.-T., D. T., U.-T., Leitkabel und akustischem Lot die Bezeichnung „technische Navigation" eingeführt worden. Wenn die Appararate zum Empfang, bezw. Geben von F.-T., D. T. und U.-T.-Signalen, für das Leitkabel und akustische Lot in der Schiffahrt viel benutzt werden sollen, so ist es unbedingt erforderlich, daß die Apparate möglichst einfach, nicht zu teuer sind und an Bord der Schiffe von der Brücke aus schnell bedient werden können. Der Nautiker muß die neuen Instrumente kennen, diese müssen, soweit sie den Zwecken der Ortsbestimmung dienen, unschwer von den Nautikern verwendet werden können. Dieses Ziel muß von der Technik erreicht werden.

Die Entwicklung des F.-T., D. T. und U.-T. Verkehrs hat es mit sich gebracht, daß zwischen Schiff und Land und anderen Bordstationen viele Signale ausgetauscht werden. Im Interesse der Kontrolle und auch im Interesse zur Feststellung von Kollisionen und anderen Unglücksfällen für Seeamtsverhandlungen ist es, wenn die Uhren aller Schiffe und Küstenstationen möglichst auf die Sekunde gleich gehen, wenigstens die Minutenzeiger aller Uhren die gleichen Minuten angeben. In den Marinen von Deutschland, Chile, China, Dänemark, Griechenland, Portugal, England, Frankreich, Spanien und den Ver. Staaten hat man aus diesem Grunde die „Zonenzeit auf See" eingeführt, die auch bereits einige große Passagierdampfer mit großem Vorteil anwenden.

Das System der Zonenzeit bezweckt, den Schiffen auf See innerhalb bestimmter Längengrade die Anwendung einer Einheitszeit zu ermöglichen in der Art, wie sie an Land bereits meist gebräuchlich ist. Die Schiffsuhren werden nach einem bestimmten Stundenmeridian, und nicht mehr nach der wahren Zeit gestellt. Man denkt sich zu diesem Zweck die Erde in 24 Zonen zu $15°$ eingeteilt, ausgehend von dem Meridian von Greenwich. Die Zone zwischen $7\frac{1}{2}°$ Ost und $7\frac{1}{2}°$ West ist die 0-Zone, die 12 Zonen in West-Richtung davon werden mit einem Pluszeichen, die Zonen in Ost-Richtung davon mit den gleichen Zahlen und einem Minuszeichen bezeichnet. Die 12. Zone liegt innerhalb $7\frac{1}{2}°$ zu beiden Seiten des $180°$ Meridians, sodaß sowohl das Plus- wie das Minuszeichen in dieser Zone erscheint.

Auf allen Schiffen, auf denen die Zonenzeit eingeführt ist, zeigen die Uhren die mittlere Ortszeit der Zone an, in der sich das Schiff gerade befindet. Alle Schiffe in einer Zone haben die gleiche Uhrzeit; die Angaben der Uhren von Schiffen in anderen Zonen weichen nur um volle Stunden ab. Bei der Uhrzeit-Angabe beim Geben von Signalen wird die Nummer der Zone mitangegeben, sodaß kein Irrtum inbezug auf die Zeit entstehen kann.

Außer den bereits erwähnten Vorteilen für die Einführung der Zonenzeit hat diese eine Erleichterung für alle Berechnungen der Fahrt, der Reisedauer, des Brennstoffverbrauchs zur Folge, ferner läßt sich der Bordbetrieb besser und gleichmäßiger regeln. Das anfänglich ungewohnte dieser neuen Zeitrechnung auf See ist schnell überwunden. Und auch die Änderungen, die in der Aufmachung des Mittagsbestecks eintreten, da nur zufällig mittlere Zeit und wahre Ortszeit zusammenfallen dürften, und so die Sonnenkulmination nicht wie bisher um 12 Uhr mittags beobachtet werden kann, wird der Nautiker bald nicht mehr störend empfinden, zumal die ausgezeichneten Standlinien-Methoden die Beobachtungen von Kulminationshöhen überflüssig machen.

Die Entwicklung der Nautik der letzten Jahrzehnte machte es erforderlich, daß das Ausbildungswesen der Nautiker wesentlich verbessert werden mußte, und so hat nun auch eine vollständige Umgestaltung dieses stattgefunden. Mehr theoretisches und vor allen Dingen praktisches Wissen müssen die Seefahrtschulen den Nautikern mitgeben.

Der Nautiker muß heute bedeutend mehr Fachkenntnis haben als früher, da er neben der terrestrischen und astronomischen, die technische Navigation beherrschen und Seestraßenrecht, Seerecht, Handelsrecht, Gesundheitspflege, Ladungsdienst, Schiffbaukunde, Maschinenkunde und vieles andere lernen muß.

Trotz aller Erfindungen und Verbesserungen der nautischen Hilfsmittel werden die Nautiker — Kapitäne und Schiffsoffiziere — deren Führung allein die Schiffe anvertraut sind, nach wie vor die gleiche Verantwortung für die ihnen anvertrauten Menschenleben, Schiffe und Ladungen haben, denn mit den Fortschritten der Entwicklung der Nautik sind stets auch höhere Anforderungen an die Schiffsleitung gestellt worden.

Deutschland ist ein armes Land, und wenn wir überhaupt wieder in die Höhe kommen wollen, müssen wir ungemein arbeitsam und zuverlässig sein, und uns alle besten und neuesten Hilfsmittel zunutze machen. Wir müssen schnellere und sicherere Reisen machen als fremde Schiffe; wir werden nicht umhin können sie neuzeitlich auszurüsten mit den Mitteln, die als brauchbar erprobt sind.

Wissenschaft, Technik, Staat, Reeder, Nautiker, Industrie und Handel haben auf dem Gebiete der nautischen Hilfsmittel ein großes Arbeitsfeld, für deren Entwicklung wohl noch manches Opfer gebracht werden muß. Es wird aber nicht umsonst sein, da jeder Fortschritt in der Schiffahrt zum Nutzen unseres Vaterlandes ist, zu dessen Aufblühen eine eigene und starke Schiffahrt unbedingt erforderlich ist.

Seefahrt ist not!